Raum- und Immobilienmanagement
Fallstudien- und Klausurtraining

Schriftenreihe des Kompetenzzentrums für Unternehmensentwicklung und -beratung

Das Kompetenzzentrum für Unternehmensentwicklung und -beratung (KUBE e.V.) widmet sich der Entwicklung, Pflege, Anwendung und Diffusion betriebswirtschaftlicher Methoden und Instrumente in Theorie und Praxis. Unter www.kube-ev.de gibt es nähere Information über das KUBE-Leistungsspektrum, -Projekte, -Studien, -Methoden und -Publikationen.

Bisher erschienene Werke:

Hauke, W.; Opitz, O. (2003): Mathematische Unternehmensplanung, 2. Aufl.
Pflaumer, P. (2004): Klausurtraining Deskriptive Statistik
Boes, S. (2004): Die Anwendung der Konzepte probabilistischer Bevölkerungsmodelle auf Prognosen für den Hochschulbereich
Schneider, D. (2004): Grundlagen der Betriebswirtschaftslehre, 2. Aufl.
Pflaumer, P. (2005): Klausurtraining Finanzmathematik
Schneider, D.; Amann, M. (2005): Benchmarking von Beratungsgesellschaften mit Success Resource Deployment – ein empirischer Vergleich von Accenture über BCG bis McKinsey aus Kundensicht
Hagenloch, T. (2007) Value Based Management und Discounted Cash Flow-Ansätze. Eine verfahrens- und aufgabenorientierte Einführung
Rauch, K. (2007): Steuern in der Sozialwirtschaft – Steuern und Gemeinnützigkeit
Schneider, D. (2007): Unternehmensführung – Instrumente für das Management in der Postmoderne. Kompakte Studienausgabe
Schneider, D. (2007): Fallstudien- und Klausurtraining zur Unternehmensführung – Case Studies und Multiple-Choice-Aufgaben für Manager, Controller und Berater
Hagenloch, T. (2009): Grundzüge der Entscheidungslehre
Hagenloch, T. (2009): Einführung in die Betriebswirtschaftslehre. Theoretische Grundlagen und Managementlehre
Kummer, S. (2009): SWOT-gestützte Analyse des Konzepts der Corporate Social Responsibility: Die soziale und ökologische Verantwortung der Unternehmen
Hagenloch, T. (2010): Die Seminar- und Bachelorarbeit im Studium der Wirtschaftswissenschaften – Ein kompakter Ratgeber
Söhnchen, W. (2010): Operatives Controlling. Grundlagen und Instrumente
Henning, S. (2013): Kosten- und Leistungsrechnung – Grundlagen und praxisorientierte Anwendungsbeispiele aus der Betriebs-, Sozial- und Tourismuswirtschaft, Band I: Betriebliches Rechnungswesen und klassische Kosten-/Leistungsrechnung

Michael Hänle und Dietram Schneider

Raum- und Immobilienmanagement

Fallstudien- und Klausurtraining

Bibliografische Information der Deutschen Nationalbibliothek:
Die Deutsche Nationalbibliothek verzeichnet diese Publikation in der Deutschen Nationalbibliografie; detaillierte bibliografische Daten sind im Internet über http://dnb.dnb.de abrufbar.

© 2014 Michael Hänle, München und Dietram Schneider, Kempten
Alle Rechte liegen bei den Autoren

Herstellung und Verlag: BoD – Books on Demand, Norderstedt

ISBN: 9-783735-762702

Vorwort

Dieses Buch umfasst typische Übungs- und Klausuraufgaben sowie Fallstudien für das Fach Raum- und Immobilienmanagement. Es wendet sich an Studierende und Lehrende an Hochschulen und Universitäten, die sich u. a. auf Prüfungen vorbereiten möchten, Vorlesungen durch Übungen ergänzen wollen und Beispiele für prüfungsadäquate und -relevante Aufgabenstellungen suchen. Auch für Praktiker und für allgemein am immobilienwirtschaftlichen Grundwissen interessierte Leser, die ihren Kenntnisstand überprüfen und/oder auffrischen wollen, kann dieses Buch ein sehr sinnvoller Begleiter sein.

Das Fallstudien- und Klausurtraining gliedert sich in drei Teile. Teil I widmet sich dem Management von Räumen und Immobilien (MARI). Teil II erstreckt sich auf Themen, die dem Gebiet der Raum- und Immobilienentwicklung und -bewertung (RIBE) zuzuordnen sind.

Teil I und II sind strukturell gleich aufgebaut. Zu Beginn gibt es jeweils Entscheidungsfragen. Sie bestehen insgesamt aus zehn Blöcken, die jeweils fünf Aussagen bzw. Statements aufweisen. Dabei muss jede Aussage danach beurteilt werden, ob sie richtig oder falsch ist. Bei falscher Antwort gibt es einen Minuspunkt, bei richtiger Antwort einen Pluspunkt. Innerhalb eines Blocks werden die Punkte aufsummiert. Maximal können fünf Punkte pro Block erreicht werden. Innerhalb eines Blocks sind im schlechtesten Fall null Punkte möglich. Negative Punkte werden also nicht auf andere Blöcke übertragen. Die Lösungen sind jeweils anschließend aufgelistet. In beiden Teilen folgen dann fallstudienorientierte Aufgaben bzw. Case-Studies aus den Themengebieten von MARI bzw. RIBE. Im Anschluss daran sind wiederum die Lösungen zu finden. Für MARI und RIBE folgen schließlich Aufgaben ohne Lösungen.

Teil III bietet eine Auflistung zu allgemeinen Themen und Aufgabenstellungen für Seminar-, Bachelor- und Masterarbeiten sowie für umfangreichere Examensarbeiten.

München und Kempten, Oktober 2014
Michael Hänle
Dietram Schneider

Inhaltsverzeichnis

I. **Management von Räumen und Immobilien (MARI)** 9

    1. Entscheidungsfragen 9

    2. Lösungen 14

    3. Fallstudienorientierte Aufgaben 15

    4. Lösungen 20

    5. Fallstudienorientierte Aufgaben ohne Lösungen 25

II. **Raum- und Immobilienbewertung und -entwicklung (RIBE)** 29

    1. Entscheidungsfragen 29

    2. Lösungen 34

    3. Fallstudienorientierte Aufgaben 35

    4. Lösungen 40

    5. Fallstudienorientierte Aufgaben ohne Lösungen 51

III. **90 Themen für Seminar-, Bachelor- und Masterarbeiten sowie Examensprüfungen** 53

IV. **Linkübersicht** 60

I. Management von Räumen und Immobilien (MARI)

1. Entscheidungsfragen

Block 1:

	r	f	
1.	☐	☐	Der Begriff des Immobilienmaklers ist gesetzlich nicht geschützt. Für die Ausübung des Maklerberufs benötigt man neben der Gewerbeanmeldung nur noch die Erlaubnis nach § 34c HGB.
2.	☐	☐	Wird beim Immobilienkauf ein Makler beauftragt, dann wird erst bei Übergang von Nutzen und Lasten die Maklercourtage fällig.
3.	☐	☐	Bauträger handeln im Gegensatz zu Baubetreuern immer auf eigenen Grundstücken.
4.	☐	☐	Im Immobilienmarkt gibt es keine homogenen Güter.
5.	☐	☐	Keller und Stellplätze, die nicht zum Gemeinschaftseigentum zählen, gehören zum Sondereigentum und werden auch als Teileigentum bezeichnet.

Block 2:

	r	f	
1.	☐	☐	Ein nicht notariell bekundeter Vorvertrag über den Kauf eines Grundstücks muss zumindest vom Makler mit unterschrieben werden, wenn er eine bindende Wirkung entfalten soll.
2.	☐	☐	Die Vereinbarung eines Termins für den Besitzübergang beim Grundstückskaufvertrag bedeutet, dass zu diesem Termin Nutzen, Lasten und Gefahr des Verkaufsobjektes auf den Käufer übergehen.
3.	☐	☐	Die Auflassungsvormerkung ist lediglich ein Vermerk, aus dem sich ergibt, dass eine Auflassung bevorsteht. Sie entfaltet aber keine Wirkung und ist rangneutral.
4.	☐	☐	Beim Verkauf einer Eigentumswohnung ist der Anteil an der Instandhaltungsrücklage nicht grunderwerbsteuerpflichtig, so dass durch Angabe der Höhe des Anteils im Kaufvertrag Grunderwerbsteuer gespart werden kann.
5.	☐	☐	Beim Kauf einer Immobilie muss der Käufer mit Kosten der Löschung von nicht übernommenen Belastungen, Kosten des Notars, des Grundbuchamtes, mit etwaigen Maklergebühren und der Grunderwerbsteuer rechnen.

Block 3:

	r	f	
1.	☐	☐	Bei einem vereinbarten Nominalzinssatz ist der Effektivzinssatz bei monatlicher Zahlungsweise höher als bei jährlicher Zahlungsweise.
2.	☐	☐	Je höher der Zinssatz über die gesamte Laufzeit eines Darlehens ist, desto geringer ist die Laufzeit eines Annuitätendarlehens bei einem vorgegebenen Tilgungssatz (im ersten Jahr).
3.	☐	☐	Bei einem Annuitätendarlehen sind die Zinszahlungen konstant.
4.	☐	☐	Sowohl bei der Jahresabrechnung als auch bei der Eigentümerversammlung spielen die Miteigentumsanteile eine wichtige Rolle. Die Höhe seines Miteigentumsanteils kann man dem notariellen Kaufvertrag oder dem Grunderwerbsteuerbescheid entnehmen.
5.	☐	☐	Mit dem Wirtschaftsplan rechnet der Verwalter einer WEG gegenüber den jeweiligen Eigentümern die erhaltenen Hausgeldzahlungen ab. Sind die monatlichen geleisteten Hausgeldzahlungen geringer als die im Geschäftsjahr angefallenen Kosten für die Wohneinheit, dann kommt es in der Regel zu einer Nachzahlung für den Eigentümer.

Block 4:

	r	f	
1.	☐	☐	Die Erklärung der Auflassung ist ein vorläufiges Sicherungsmittel für den Käufer, welches im Grundbuch eingetragen wird und den künftigen Eigentumserwerb des Käufers sichert.
2.	☐	☐	Besitzer einer Immobilie wird man in Deutschland erst durch Eintragung im Grundbuch.
3.	☐	☐	Haben sich Verkäufer und Käufer einer Immobilie darauf verständigt, dass auch bewegliche Gegenstände (z. B. eine Küche, Lampen, Schränke) mitverkauft werden sollen, so braucht diese Übereinkunft nicht auch in den Notarvertrag aufgenommen werden, da dies nur die Notar- und Grundbuchgebühren erhöht.
4.	☐	☐	Als Eigentümer einer Eigentumswohnung ist man nur Sondereigentümer der betreffenden Wohnung und nicht auch Miteigentümer des dazugehörigen Grund und Bodens.
5.	☐	☐	Der Inhalt des Grundbuches ist immer richtig, weshalb das Gesetz dem Grundbuch öffentlichen Glauben zuerkennt und einen gutgläubigen Erwerb vorsieht.

Block 5:

	r	f	
1.	☐	☐	Die Beleihungsgrenze liegt immer zwischen dem Verkehrs- und Beleihungswert.
2.	☐	☐	Ein Volltilgerdarlehen ist ein Ratendarlehen, bei dem während der Laufzeit die Darlehensschuld zu 100% getilgt wird.
3.	☐	☐	Bei einem Darlehensvertrag mit einer Laufzeit von 15 Jahre kann nach 10 Jahren der Vertrag außerordentlich gekündigt werden und es fallen dann keine Vorfälligkeitsentschädigungen an.
4.	☐	☐	Bei Realkrediten bleiben während der Zinsfestschreibungsfrist des Darlehens die Konditionen (Zins und Tilgung) unverändert.
5.	☐	☐	Durch die Ermittlung des Beleihungswertes soll die langfristige und beständige Wertuntergrenze für das jeweilige Grundstück festgestellt werden, die sich dadurch auszeichnet, dass sie im Verkaufsfall auch unter ungünstigen Bedingungen am Immobilienmarkt realisiert werden kann.

Block 6:

	r	f	
1.	☐	☐	Die Kreditkonditionen verschiedener Kreditinstitute können vergleichbar gemacht werden durch die Ermittlung der monatlichen Belastung, die aus dem Kredit resultiert.
2.	☐	☐	Die Höhe des Grunderwerbsteuersatzes kann von den Bundesländern festgesetzt werden und darf 5,5% nicht übersteigen.
3.	☐	☐	Die Auflassungsvormerkung sichert den Anspruch auf Eigentumsübertragung an den Käufer. Nachrangig eingetragene Belastungen, die den Verkäufer betreffen, entfalten keine Wirksamkeit mehr und müssen wieder gelöscht werden.
4.	☐	☐	Im Zusammenhang mit Immobilien versteht man unter Betriebskosten alle Kosten der Bewirtschaftung eines Gebäudes, die 300€ im Jahre übersteigen.
5.	☐	☐	Teile des Gebäudes, die für dessen Bestand oder Sicherheit erforderlich sind, sowie Anlagen und Einrichtungen, die dem gemeinschaftlichen Gebrauch der Wohnungseigentümer dienen, sind Sondereigentum.

Block 7:

	r	f	
1.	☐	☐	Nur ein schriftlicher Mietvertrag ist wirksam.
2.	☐	☐	Bei einer Mieterhöhung nach einer durchgeführten Modernisierungsmaßnahme (z.B. Dämmung der Außenfassade) darf der Vermieter 11% der Modernisierungskosten auf die Jahresmiete aufschlagen, auch wenn sich die Miete bei hohen Modernisierungskosten dadurch mehr als verdoppelt.
3.	☐	☐	Eine als Mietkaution geleistete Zahlung des Mieters muss vom Vermieter getrennt von dessen sonstigem Vermögen verzinslich angelegt werden.
4.	☐	☐	Sowohl eine Garage, als auch ein PKW-Stellplatz können durch die Teilungserklärung einem Eigentümer als Sondereigentum zugewiesen werden.
5.	☐	☐	Bei der Eigentümerversammlung einer Wohnungseigentümergemeinschaft sind 5 der insgesamt 10 Eigentümer anwesend. Auf die anwesenden Eigentümer entfallen zusammen 63% der Miteigentumsanteile. Die fünf weiteren Eigentümer sind nicht anwesend und nicht durch Bevollmächtigte vertreten. Nach einem Streit über den Tagesordnungspunkt 3) verlässt Eigentümer A, auf den 10% der Miteigentumsanteile entfallen, wutentbrannt die Versammlung. Die verbleibenden Eigentümer stimmen über die weiteren Tagesordnungspunkte einstimmig ab. Die nach Verlassen des Eigentümers A gefassten Beschlüsse sind unwirksam, weil nur noch 4 von 10 Eigentümern anwesend waren.

Block 8:

	r	f	
1.	☐	☐	Wenn der Käufer den im Kaufvertrag über ein Grundstück vereinbarten Kaufpreis nicht bezahlt, dann kann der Verkäufer die sofortige Zwangsvollstreckung in das Vermögen des Käufers einleiten.
2.	☐	☐	Eine Vorfälligkeitsentschädigung kann die finanzierende Bank verlangen, wenn der Darlehensnehmer sein Darlehen vorzeitig zurückzahlt und die Bank den zurückbezahlten Betrag nur noch zu niedrigeren Zinsen wieder als Kredit vergeben kann.
3.	☐	☐	Man spricht von privaten Veräußerungsgeschäften im Immobilien-Steuerrecht, wenn bei der Umwandlung von Miet- in Eigentumswohnungen Gewinne entstehen, die versteuert werden müssen.
4.	☐	☐	Der Einheitswert dient zur Ermittlung der Erbschafts- und Schenkungssteuer.
5.	☐	☐	In Abteilung I des Grundbuches werden die Lasten und Beschränkungen, die auf dem Grundstück ruhen, eingetragen.

Block 9:

	r	f	
1.	☐	☐	Steht nichts im Mietvertrag zur Frage, wer Schönheitsreparaturen durchführen muss, ist ein Mieter dazu verpflichtet, entweder bei Einzug oder bei Auszug zu streichen.
2.	☐	☐	Bei Nennung von mindestens 3 Nachmietern kann ein Mieter jederzeit auch ohne Einhaltung einer Frist ein Mietverhältnis beenden.
3.	☐	☐	Die Wohnungseigentümerversammlung ist beschlussfähig, wenn mehr als die Hälfte der Miteigentumsanteile durch die Anwesenden vertreten ist.
4.	☐	☐	Der Balkon einer Eigentumswohnung ist Teil des Gemeinschaftseigentums.
5.	☐	☐	Das Wohnungseigentumsgesetz (WEG) findet immer Anwendung, wenn jemand Eigentum erwirbt, egal ob es sich um ein Eigenheim oder eine Eigentumswohnung handelt und unabhängig davon, ob er dieses selbst nutzt oder vermietet.

Block 10:

	R	f	
1.	☐	☐	Folgende Steuern können je nach Fallkonstellation bei einem Immobilienkaufvertrag direkt oder indirekt eine Rolle für den Verkäufer oder Käufer spielen: Grunderwerbsteuer, Grundsteuer, Umsatzsteuer, Einkommensteuer, Körperschaftsteuer.
2.	☐	☐	Wird eine Immobilie durch eine natürliche Person erst nach mehr als zehn Jahren seit ihrer Anschaffung wieder verkauft, so ist ein etwaig erzielter Gewinn stets einkommensteuerfrei.
3.	☐	☐	Wird einer Bank als Sicherheit eine Hypothek als Sicherheit bestellt und keine Grundschuld, so sind die zu entrichtenden Darlehenszinsen höher, da die Hypothek im Unterschied zur Grundschuld nicht abstrakt ist und daher für den konkreten Finanzierungfall eine weniger gute Sicherheit für die Bank darstellt.
4.	☐	☐	Die Gemeinschaftsordnung, welche in der Regel in der sogenannten Teilungserklärung einer WEG-Gemeinschaft enthalten ist, regelt die Rechte und Pflichten der Wohnungseigentümer untereinander und wird ergänzt durch die Beschlüsse der Eigentümer sowie durch die Vorschriften des Wohnungseigentumsgesetztes
5.	☐	☐	Das Grundbuch enthält drei Abteilungen, wovon in Abteilung I der Eigentümer vorgetragen ist, in Abteilung II stets nur nicht wertmindernde Rechte eingetragen sind, welche den Käufer nicht belasten können und in Abteilung III werden Grundschulden und Hypotheken eingetragen, welche der Käufer vom Verkäufer auf keinen Fall übernehmen will.

2. Lösungen

	Block 1	Block 2	Block 3	Block 4	Block 5
1	Falsch	Falsch	Richtig	Falsch	Falsch
2	Falsch	Falsch	Richtig	Falsch	Falsch
3	Richtig	Richtig	Falsch	Falsch	Richtig
4	Richtig	Richtig	Falsch	Falsch	Richtig
5	Richtig	Falsch	Falsch	Falsch	Richtig

	Block 6	Block 7	Block 8	Block 9	Block 10
1	Falsch	Falsch	Richtig	Falsch	Richtig
2	Richtig	Richtig	Richtig	Falsch	Falsch
3	Falsch	Richtig	Falsch	Richtig	Falsch
4	Richtig	Falsch	Falsch	Falsch	Richtig
5	Falsch	Falsch	Falsch	Falsch	Falsch

3. Fallstudienorientierte Aufgaben

Aufgabe 1: Finanzierung

Bevor die Immobiliensuche beginnt, klären Kaufwillige ihre finanziellen Verhältnisse ab. Die Höhe der aktuellen Kaltmiete sowie das zur Verfügung stehende Eigenkapital verraten schnell, wie teuer das eigene Dach über dem Kopf sein darf.

Folgende Daten sind Ihnen bekannt:

Bisherige Kaltmiete pro Monat:	1.000,00€
Sollzinsbindung:	10 Jahre
Sollzinssatz:	2,60%
Anfängliche Tilgung:	2,00%
Eigenkapital:	50.000,00€
Maklercourtage in Prozent:	3,57%
Notar- und Grundbuchkosten:	1,50%
Grunderwerbsteuer:	3,50%

a) Welche Darlehenshöhe lässt sich mit der eingesparten Kaltmiete finanzieren?

b) Wie hoch ist der maximale Anlagebetrag?

c) Ermitteln Sie den maximalen Kaufpreis der Immobilie. Berücksichtigen Sie hierbei eine Sicherheitsreserve in Höhe von 5 % des maximalen Anlagebetrages. Die Sicherheitsreserve soll für unvorhergesehene Ausgaben zunächst zurückbehalten werden. Wie hoch sind dann die Maklercourtage, die Notar- und Grundbuchkosten sowie die Grunderwerbsteuer?

Aufgabe 2: Finanzierung

Ein Käufer beantragt bei seiner Bank ein Darlehen in Höhe von 150.000€ für eine Eigentumswohnung in Kempten. Die aktuellen Zinskonditionen für ein fünfjähriges Darlehen betragen 2%.

a) Berechnen Sie bei einer anfänglichen Tilgung von 2,52% die jährliche Annuität.

b) Erstellen Sie für die nächsten fünf Jahre einen vollständigen Tilgungsplan (mit Cent-Beträgen). Wie hoch ist die Restschuld am Ende des fünften Jahres?

c) Nach wie vielen Jahren wäre das Darlehen bei den oben genannten Bedingungen vollständig getilgt?

$$n = \frac{\ln(1 + \frac{i}{t})}{\ln(1 + i)}$$

mit:
$n = Gesamtlaufzeit\ des\ Kredits$
$i = Nominalzins\ p.\,a.\ von\ Hundert$
$t = Tilgungssatz$

Aufgabe 3: Rendite

Folgende Daten für die Immobilie sind bekannt: Nettomieteinnahmen p.m. = 585€, Kaufpreis 48.200€, Erwerbsnebenkosten 4.800€. Zudem liegen Ihnen folgende Auszüge aus der Jahresabrechnung vor:

Ausgaben		VS	Betrag	Anteil Einheit	Ihr Anteil
Nicht umlagefähige Kosten					
1950	Bankgebühren	001	200,00		1,95
2001	Instandhaltungs-Rückl. L 18	310	2.625,00		
2002	Instandhaltungs-Rückl. L 20-22	320	4.875,00		
2003	Instandhaltungs-Rückl. L 24-28	330	7.500,00		
2004	Instandhaltungs-Rückl. L 30-34	340	7.500,00		
2005	Instandhaltungs-Rückl. L 36-40	350	7.500,00		333,74
2006	Instandhaltungs-Rückl. L 42	360	2.625,00		
2007	Instandhaltungs-Rückl. Garagen	004	3.000,00		
2011	Verwalter-Gebühren Wohnung	002	17.236,80		151,20
2012	Verwalter-Gebühren Garagen	005	1.566,00		
2013	Verwalter-Gebühren Gewerbe	007	569,28		
2016	Verw. Beirat – Aufwandsentschäd	001	400,00		3,90
2030	Miete Abstellräume Garagenhof	001	480,00		4,68
2500	Reparaturen allgemein	008	1.000,00		10,22
2510	Reparaturen L 18	310	300,00		
2520	Reparaturen L 20-22	320	600,00		
2530	Reparaturen L 24-28	330	800,00		
2540	Reparaturen L 30-34	340	800,00		
2550	Reparaturen L 36-40	350	800,00		35,60
2560	Reparaturen L 42	360	300,00		
2570	Reparaturen Garagen	004	1.000,00		
Nicht umlagefähige Kosten			**61.677,08**		**541,29**

Ausgaben		VS	Betrag	Anteil Einheit	Ihr Anteil
Umlagefähige Kosten					
1001	Straßenreinigung L 18	310	74,00		
1002	Straßenreinigung L 20-22	320	146,00		
1003	Straßenreinigung L 24-28	330	214,00		
1004	Straßenreinigung L 30-34	340	214,00		
1005	Straßenreinigung L 36-40	350	214,00		9,52
1006	Straßenreinigung L 42	360	74,00		
1100	Müllabfuhr Behälter L 18-42	008	11.285,00		115,37
1107	Müllabfuhr L 18-42 Grundgebühr	006	4.600,00		42,20
1108	Reinigung Biotonnen	008	460,00		4,70
1200	Abwasser/Wasser Waschsalon L	401	1.300,00		
1201	Abwasser/Wasser L 18 ohne Was	311	1.550,00		
1202	Abwasser/Wasser L 20-22	320	3.500,00		
1203	Abwasser/Wasser L 24-28	330	5.100,00		
1204	Abwasser/Wasser L 30-34	340	6.800,00		
1205	Abwasser/Wasser L 36-40	350	6.100,00		271,44
1206	Abwasser/Wasser L 42	360	1.300,00		
1300	Niederschlagswassergebühren	001	600,00		5,86
1500	Brandversicherung L 18-42	001	1.550,00		15,13
1600	Wohngebäudeversicherung L 18-42	001	3.920,00		38,26
1700	Haftpflichtversicherung L 18-42	001	172,00		1,68
1707	Haftpflichtversicherung Gewerbe	149	67,00		
1801	Allg. Strom L 18	310	110,00		
1802	Allg. Strom L 20-22	320	450,00		
1803	Allg. Strom L 24-28	330	500,00		
1804	Allg. Strom L 30-34	340	550,00		
1805	Allg. Strom L 36-40	350	650,00		28,92
1806	Allg. Strom L 42	360	250,00		
1850	Kabelfernsehen	002	10.809,39		94,82
1860	Hausmeister	008	22.635,00		231,41
1865	Hausreinigung	002	12.138,00		106,47
1880	Außenanlagen/Gartenpflege	008	2.000,00		20,45
1900	Heizung (Wartg., Gas, Kamink., Str.)	080	112.000,00		1.424,69
Umlagefähige Kosten			**211.332,39**		**2.410,92**

Eigentümer E. möchte von Ihnen gern wissen, wie hoch die Rendite seiner Mietwohnung ist. Berechnen Sie mit den vorgegebenen Daten die entsprechende Rendite!

Aufgabe 4: Steuern

Herbert S. erbt am 05.11.2013 von seiner Tante eine Mietwohnung. Die Tante hat mit notariellem Kaufvertrag vom 14.12.2003 diese Wohnung als Kapitalanlage für 48.000€ incl. Erwerbsnebenkosten gekauft. Der Nutzen- und Lastenwechsel trat am 01.03.2004 ein. Die Eintragung im Grundbuch erfolgte am 13.12.2004.

Herbert S. will sich ein Haus kaufen und benötigt Eigenkapital. Zu diesem Zweck verkauft er diese Mietwohnung. Mit Datum vom 13.12.2013 wurde dieser Verkauf beurkundet. Der Kaufpreis beträgt 86.000€.

Herbert S. hat ein hohes Einkommen und versteuert seine Einnahmen mit einem (Grenz-) Steuersatz von 40% (vereinfacht).

a) Wieviel Kapital steht ihm für die Finanzierung durch den Verkauf nach Berücksichtigung der Steuer zur Verfügung?

b) Wie hätte er seine Eigenkapitalsituation verbessern können?

Aufgabe 5: Steuern

Der Kaufpreis einer Immobilie beträgt laut Kaufvertrag 112.000€. Die Instandhaltungsrücklage beträgt 5.000€. Außerdem wurden diverse Einrichtungsgegenstände in Höhe von 3.000€ übernommen. Beides wurde im notariellen Kaufvertrag entsprechend dokumentiert. Der Kauf wurde von einem Makler vermittelt. Für Notar und Grundbuchgebühren werden pauschal 1,5% berechnet. Der Grundstückskauf fand in Bayern mit einer Grunderwerbsteuer in Höhe von 3,5% statt. Das Finanzamt veranschlagt für Grund und Boden einen Wert in Höhe von 30%.

a) Wie hoch sind die Anschaffungskosten des Objektes?

b) Wie hoch ist die jährliche Abschreibung für die Immobilie bei einer Nutzungsdauer von 50 Jahren?

4. Lösungen

Aufgabe 1: Finanzierung

a) Welche Darlehenshöhe lässt sich mit der eingesparten Kaltmiete finanzieren?

Die Kaltmiete von 12.000€ entspricht der jährlichen Annuität von 4,6% (Zinssatz 2,60% + Tilgung 2%). Daraus lässt sich die Höhe des Darlehens berechnen:

12.000€ = 4,6%

x = 100%

$$x = \frac{100\% * 12.000€}{4,6\%} = 260.869,57€$$

Unter den gegebenen Darlehenskonditionen lässt sich mit 12.000€ ein Darlehen in Höhe von 260.869,57€ finanzieren.

b) Wie hoch ist der maximale Anlagebetrag?

Eigenkapital + Fremdkapital = 50.000€ + 260.869,57€ = 310.869,57€
Der maximale Anlagebetrag beträgt 310.869,57€.

c) Wie hoch ist der maximale Kaufpreis unter Berücksichtigung von Sicherheitsreserve und Nebenkosten?

5% Sicherheitsreserve: 310.869,57€ * 5% = 15.543,48€

Maximaler Anlagebetrag – Sicherheitsreserve: 310.869,57€ - 15.543,48€ = 295.326,09€

Maklercourtage:	3,57%
+ Notar und Grundbuch:	1,50%
+ Grunderwerbsteuer:	3,50%
= Summe Nebenkosten in Prozent der Kaufsumme:	8,57%

$$295.326{,}09€ = x * 1{,}0857$$

$$x = \frac{295.326{,}09€}{1{,}0857} = 272.014{,}45€$$

Maximaler Kaufpreis:	272.014,45€
Maklercourtage (3,57%):	9.710,91€
Notar- und Grundbuchkosten (1,5%):	4.080,22€
Grunderwerbsteuer (3,5%):	9.520,51€
Kaufpreis + Nebenkosten	295.326,09

Der maximale Kaufpreis für die Immobilie darf 295.326,09€ betragen.

Aufgabe 2: Finanzierung

a) Wie hoch ist die jährliche Annuität?

Darlehensbetrag		150.000,00€
Zinssatz	2,00%	3.000,00€
Tilgung	2,52%	3.780,00€
Annuität		6.780,00€

Die jährliche Annuität beträgt 6.780,00€.

b) Wie hoch ist die Restschuld am Ende des fünften Jahres?

Jahr	Restschuld (Jahresanfang)	Zinsen	Tilgung	Annuität	Restschuld (Jahresende)
1	150.000,00€	3.000,00€	3.780,00€	6.780,00€	146.220,00€
2	146.220,00€	2.924,40€	3.855,60€	6.780,00€	142.364,40€
3	142.364,40€	2.847,29€	3.932,71€	6.780,00€	138.431,69€
4	138.431,69€	2.768,63€	4.011,37€	6.780,00€	134.420,32€
5	134.420,32€	2.688,41€	4.091,59€	6.780,00€	130.328,73€

Die Restschuld am Ende des fünften Jahres beträgt 130.328,73€.

c) Wann ist das Darlehen vollständig getilgt?

$$n = \frac{\ln(1 + \frac{i}{t})}{\ln(1 + i)}$$

mit:
$n = Gesamtlaufzeit\ des\ Kredits$
$i = Nominalzins\ p.\,a.\ von\ Hundert$
$t = Tilgungssatz$

$$n = \frac{\ln(1 + \frac{0{,}02}{0{,}0252})}{\ln(1 + 0{,}02)} = \frac{\ln 1{,}79}{\ln 1{,}02} = \frac{0{,}5822}{0{,}0198} = 29{,}5$$

Das Darlehen ist nach 29,5 Jahren getilgt.

Aufgabe 3: Rendite

Wie hoch ist die Rendite der Vermietung?

$$Rendite = \frac{Jahresnettomiete - nicht\ umlagefähige\ Nebenkosten}{Kaufpreis + Kaufnebenkosten}$$

$$Rendite = \frac{(585€ * 12 - 541{,}29€)}{(48.200€ + 4.800€)} = \frac{6.478{,}71€}{53.000€} = 12{,}22\%$$

E. erzielt eine Rendite von 12,22%.

Aufgabe 4: Steuern

a) Wieviel Kapital steht Herbert S. für die Finanzierung zur Verfügung?

Die Spekulationsfrist ist noch nicht abgelaufen, daher ist der private Veräußerungserlös mit dem Steuersatz von 40% zu versteuern.

Veräußerungserlös: 86.000€ - 48.000€ = 38.000€
Steuer auf Veräußerungserlös: 38.000€ * 40% = 15.200€

86.000€ - 15.200€ = 70.800€.

Herbert S. stehen 70.800€ zur Verfügung.

b) Wie hätte Herbert S. seine Eigenkapitalsituation verbessern können?

Herbert S. hätte seine Eigenkapitalsituation einfach dadurch verbessern können, indem er mit dem notariellen Kaufvertrag zwei Tage gewartet und die 10-Jahresfrist verstreichen lassen hätte. Dadurch wäre für den Verkaufserlös keine Steuer in Höhe von 15.200€ angefallen.

Aufgabe 5: Steuern

a) Wie hoch sind die Anschaffungskosten des Objektes?

Kaufpreis lt. Kaufvertrag		112.000,00€	
./. Einrichtung		3.000,00€	
./. Instandhaltungsrücklage		5.000,00€	
Zwischensumme		**104.000,00€**	104.000,00€
+ Notar + Grundbuch	1,50%	1.560,00€	
+ Grunderwerbsteuer	3,50%	3.640,00€	
+ Maklergebühren	3,57%	3.712,80€	
Summe Anschaffungsnebenkosten		**8.912,80€**	8.912,80€
Anschaffungskosten des Objekts			**112.912,80€**
./. Grund- und Bodenanteil	30%		33.873,84€
Anschaffungskosten des Gebäudes			**79.038,96€**

Die Anschaffungskosten betragen 79.038,96€.

b) Wie hoch ist die jährliche Abschreibung für die Immobilie bei einer Nutzungsdauer von 50 Jahren?

$$AfA = \frac{Anschaffungskosten\ des\ Gebäudes}{50\ Jahre} = \frac{79.038,96€}{50} = 1.580,77€$$

Die jährliche AfA beträgt gerundet 1.581€.

5. Fallstudienorientierte Aufgaben ohne Lösungen

Aufgabe 1: Kaufvertrag

Ihnen liegt folgender Auszug aus einem Kaufvertrag einer Eigentumswohnung in Kempten vor. Berechnen Sie die Höhe der Grunderwerbsteuer, die der Käufer zu bezahlen hat.

<pre>
                            II.
                          Verkauf

1. Herr Musterverkäufer
   - im folgenden auch Verkäufer genannt -
                         verkauft
   Das in Ziffer I. näher beschriebene Raumeigentum mit
   allen Rechten und wesentlichen Bestandteilen
                            an
   die aus den Gesellschaftern, Herrn Musterkäufer I und
   Herrn Musterkäufer II bestehende Gesellschaft bürger-
   lichen Rechts, welche die Bezeichnung "GbR Leon-
   hardstr. 40" führt und ihren Sitz in Kempten hat
   - im folgenden Käufer genannte -.

2. Mitverkauft, im Kaufpreis mit einem Betrag von
   2.750 EUR - zweitausendsiebenhundertundfünfzig Euro -
   enthalten und unter dem Vorbehalt der vollständigen
   Kaufpreiszahlung übereignet sind die nachstehend auf-
   geführten beweglichen Gegenstände:
   - Kücheneinrichtung mit Elektrogroßgeräten.
   Zubehör ist im Übrigen nicht mitverkauft.
</pre>

III.
Kaufpreis

1. Der Kaufpreis beträgt   48.250 EUR
   - achtundvierzigtausendzweihundertfünfzig Euro -.
2. Umsatzsteuer ist vom Käufer zusätzlich zum Kaufpreis nicht zu entrichten.
3. Der Kaufpreis ist am 01.07.2014 zur Zahlung fällig, frühestens jedoch eine Woche nachdem die folgenden Voraussetzungen alle vorliegen:
   a) Die Vormerkung zur Sicherung des Übereignungsanspruchs des Käufers ist im Grundbuch eingetragen und die Eintragung ist dem Notar bekanntgemacht.
   b) Die zur Freistellung von nicht übernommenen, im Grundbuch eingetragenen Belastungen erforderlichen Unterlagen liegen dem Notar in grundbuchtauglicher Form entweder auflagenfrei oder gegen Zahlungsauflagen vor. Die Summe der Zahlungsauflagen darf den Kaufpreis nicht übersteigen. Der Käufer ist berechtigt, die zur Lastenfreistellung erforderlichen Beträge in Anrechnung auf den Kaufpreis direkt an die dinglich Berechtigten zu zahlen. Weder er noch der Notar haben zu prüfen, ob die Forderungen berechtigt sind.

IV.
Besitzübergang

Der Vertragsgegenstand ist nach Zahlung des Kaufpreises samt etwaigen Zinsen zu übergeben.
Ab Besitzübergang gebühren dem Käufer die Nutzungen, er trägt die Lasten der Sache und er hat die Verkehrssicherungspflichten zu erfüllen.
Jedoch sind die Zinsen und Nebenleistungen eingetragener Grundpfandrechte und der gesicherten Verbindlichkeiten vom Verkäufer zu tragen, wenn sie nicht ausdrücklich vom Käufer übernommen werden.
Vom Tage der Übergabe hat der Käufer auch die Vorauszahlungen auf das Wohngeld zu leisten; für anteilige Monate anteilig. Nachforderungen von Wohngeld oder Rückerstattungen, die das laufende Wirtschaftsjahr betreffen, sind zeitanteilig aufzuteilen, sofern sich nicht ermitteln lässt, auf wessen Besitzzeit sie sich beziehen. Sonderumlagen für Reparaturen oder zu anderen Zwecken, die bis heute beschlossen wurden, sind vom Verkäufer zu bezahlen. Der Verkäufer versichert, dass Beschlüsse über noch nicht bezahlte oder noch nicht fällige Sonderumlagen nicht gefasst wurden. Der Verkäufer tritt seinen Anteil am gemeinsamen Vermögen der Eigentümergemeinschaft, insbesondere an der Instandhaltungsrücklage (nach Angabe 4.280,00 €, Stand: 01.07.2014), mit Wirkung zur Eigentumsumschreibung an den Käufer ab.

> Der Verkäufer verpflichtet sich, ab heute in der Eigentümerversammlung nur noch im Einvernehmen mit dem Käufer zu stimmen und erteilt ihm Vollmacht, ab Besitzübergang dort für ihn zu stimmen.
>
> Der Käufer übernimmt sämtliche Rechte und Verpflichtungen, die sich aus der Teilungserklärung samt Gemeinschaftsordnung, der Hausordnung, dem Verwaltervertrag und den Beschlüssen der Eigentümerversammlung für das Vertragsobjekt ergeben. Die entsprechenden Unterlagen sind dem Käufer auszuhändigen, wenn dies noch nicht geschehen ist.

Aufgabe 2: Teilungserklärung

Erläutern Sie die Begriffe Gemeinschaftseigentum, Sondereigentum, Teileigentum und Sondernutzungsrecht und grenzen Sie dabei die Begriffe voneinander ab und geben Sie für jeden dieser Begriffe ein eindeutiges Beispiel.

II. Raum- und Immobilienbewertung und -entwicklung (RIBE)

1. Entscheidungsfragen

Block 1:

	r	f	
1.	☐	☐	So genannte bewertungs- und entwicklungsrelevante Deskriptoren für Räume und Immobilien sind z. B. GRZ, GFZ, Dachform, Baujahr und Lage.
2.	☐	☐	So genannte bewertungs- und entwicklungsrelevante Verfahren bzw. Instrumente sind z.b. Flächennutzungsplan, Sachwertverfahren und Ertragswertverfahren.
3.	☐	☐	Je nachdem, welche Ausprägungen die bewertungsorientierten Deskriptoren für Immobilien aufweisen, können die Verfahren der Immobilienbewertung zu unterschiedlichen Verkehrswerten kommen.
4.	☐	☐	Gentrifizierung, also die soziale Aufwertung von Straßenzügen oder Stadtteilen durch Sanierungs-, Umbau- und/oder Modernisierungsmaßnahmen, kann auch zur Segregation führen.
5.	☐	☐	Immobilien charakterisieren den „Raum". Immobilien können aber auch die (soziale) Situation der in den Räumen lebenden Menschen sowie den gesellschaftlichen Entwicklungsstand charakterisieren.

Block2:

	r	f	
1.	☐	☐	So genannte gated communities weisen häufig eine eigene und weitgehend selbstständige Infrastruktur im Vergleich zum Umland auf. Dazu können u.a. Sicherheitsdienste, Versorgungseinrichtungen (Ärzte, Apotheken etc.) und verschiedene Dienstleistungsangebote (z.B. Gärtner, Haushaltshilfen) gehören.
2.	☐	☐	Die Siedlungs- und Verkehrsfläche in Deutschland hat einen Anteil von weniger als 20% an der deutschen Gesamtfläche.
3.	☐	☐	Zur Siedlungs- und Verkehrsfläche gehören beispielsweise Friedhöfe, aber keine landwirtschaftlichen Nutzflächen im Sinne von Weide- und Anbauflächen. Auch Erholungsflächen (z.B. für Sportanlagen, Campingplätze, Parks) gehören nicht zur Siedlungs- und Verkehrsfläche.
4.	☐	☐	Die Steuerpolitik – z. B. in der Form von Eigenheimzulage, Baukindergeld, Abschreibungsalternativen – nimmt Einfluss auf die Eigentumsquote.
5.	☐	☐	In einem Wohngebiet wurde eine GFZ von 1,2 festgesetzt. Das Grundstück von Herrn Baufuchs ist nur 500m² groß, kann aber mit einem Gebäude mit einer gesamten Geschoßfläche von 600m² bebaut werden.

Block 3:

	r	f	
1.	☐	☐	Die Siedlungs- und Verkehrsfläche in Deutschland hat einen Anteil von weniger als 10%. Ihr Anteil an der Gesamtfläche wächst allerdings ständig, obwohl versucht wird, den jährlichen Flächenverbrauch zu verringern.
2.	☐	☐	Die aktuelle Haushaltsgröße in Deutschland umfasst 3,2 Personen. Zukünftig ist mit einer sinkenden Haushaltsgröße zu rechnen.
3.	☐	☐	Ein Haushalt ist eine aus mindestens zwei Personen bestehende unabhängige Wirtschaftseinheit. Die Haushaltsgröße bemisst sich nach der Anzahl der Personen, die einen Haushalt bilden.
4.	☐	☐	Die so genannte Charta von Athen versuchte durch Anhebung der GFZ die Bauweise in den zwanziger Jahren in Richtung einer stärkeren Verdichtung zu verändern und damit den Flächenverbrauch zu reduzieren.
5.	☐	☐	Die so genannte Eigentumsquote von Einpersonenhaushalten ist geringer als die Eigentumsquote von Drei- und Fünfpersonenhaushalten.

Block 4:

	r	f	
1.	☐	☐	Die Wohnfläche pro Einwohner ist in Deutschland in den letzten 40 Jahren gestiegen. Sie liegt heute im Durchschnitt bei über 40m^2. Die Zahl der Haushalte ist in Deutschland ebenfalls gestiegen und wird Studien zufolge auch zukünftig steigen.
2.	☐	☐	GRZ und GFZ sind in so genannten Kerngebieten in der Regel höher als in so genannten Kleinsiedlungsgebieten.
3.	☐	☐	Übergeordnete Planungsebenen wie Flächennutzungsplan oder Regionalplan haben für die verbindliche Bauleitplanung einer Gemeinde nur geringe Bedeutung.
4.	☐	☐	Regelungen über Inhalte und Aufstellungsverfahren der vorbereitenden und verbindlichen Bauleitplanung finden sich im Baugesetzbuch (BauGB) und sind somit in allen Bundesländern gleich.
5.	☐	☐	Ein Flächennutzungsplan definiert die Art der Nutzung in der Regel für ein ganzes Gemeindegebiet für einen Zeithorizont von ca. 10 bis 15 Jahren und entfaltet keine rechtliche Bindungswirkung nach außen, also für Bürger und Grundstückseigentümer.

Block 5:

	r	f	
1.	☐	☐	Im Landesentwicklungsprogramm ist das Land Bayern in 18 Planungsregionen eingeteilt. Danach ist das Allgäu die Planungsregion 16.
2.	☐	☐	Bebauungspläne können u.a. auf die Rendite von angedachten Gebäuden eines Investors Einfluss nehmen.
3.	☐	☐	Bebauungspläne regeln u.a. die GRZ, GFZ, die Höhe der Gebäude, die Baugrenzen und die Nebenanlagen. Damit können Bebauungspläne u.a. auf die Rendite eines geschäftlichen Investors (z.B. Bauträgers) und auch auf die Attraktivität eines Grundstücks für einen privaten Investor Einfluss nehmen.
4.	☐	☐	Bei der Raumplanung gilt das so genannte Bottom-Up-Prinzip. Danach determiniert die Stadtentwicklung die Regionalplanung und die Regionalplanung die Landesplanung.
5.	☐	☐	Bauleitpläne sollen eine nachhaltige städtebauliche Entwicklung fördern sowie die sozialen und wirtschaftlichen Anforderungen auch in Verantwortung gegenüber künftigen Generationen in Einklang bringen. Umweltschützende Ziele oder umweltgerechte Bodennutzungen spielen dabei keine Rolle, weil sie i.d.R. im Zuge der Flächennutzungspläne berücksichtigt werden.

Block 6:

	r	f	
1.	☐	☐	Regelungen über Inhalte und Aufstellungsverfahren der vorbereitenden und verbindlichen Bauleitplanung finden sich im Baugesetzbuch (BauGB). Jeder Verfahrensschritt (z.B. der Beschluss zur Aufstellung eines Bebauungsplans oder der abschließende Beschluss über die Satzung) erfolgt durch die Gemeindegremien.
2.	☐	☐	Nach §8 der Baunutzungsverordnung (BauNVO) können in Gewerbegebieten ausnahmsweise Wohnungen für Aufsichts- und Bereitschaftspersonen sowie für Betriebsinhaber und Betriebsleiter zugelassen werden.
3.	☐	☐	Die Aufstellung von Bauleitplänen liegt in der Zuständigkeit bzw. Planungshoheit der Gemeinden. Im Verfahren müssen die Bürger bzw. die Öffentlichkeit und die Träger öffentlicher Belange zwingend beteiligt werden.
4.	☐	☐	Beim Bodenrichtwert handelt es sich um einen durchschnittlichen Lagewert. Er spiegelt das allgemeine Grundstückspreisniveau je qm zu einem Zeitpunkt wider und vernachlässigt spezielle Gegebenheiten (z.B. Lageeigenschaften, Form).
5.	☐	☐	Die so genannten NHK 2010 sind u.a. abhängig von den so genannten Standardstufen, in die die einzelnen Merkmale (z. B. Außenwände, Dach, Fenster und Außentüren) einzuordnen sind. Im Vergleich zu den Außenwänden haben dabei die Fußböden einen geringeren Gewichtungsanteil.

Block 7:

	r	f	
1.	☐	☐	Je spezifischer und individueller eine Immobilie (z.B. seltener Grundstückszuschnitt, extravagante Gebäudekonfiguration), desto schlechter ist das so genannte Vergleichswertverfahren anwendbar.
2.	☐	☐	Beim Sachwertverfahren werden die NHK pro Quadratmeter mit der Wohnfläche in Quadratmeter multipliziert, um die so genannten Herstellkosten zum Bewertungsstichtag für die Gesamtwohnung zu ermitteln.
3.	☐	☐	Unter sonst gleichen Verhältnissen gilt, dass die so genannten altersgeminderten Herstellkosten zum Bewertungsstichtag umso höher ausfallen, je länger die Restnutzungsdauer ausfällt und je höher die NHK pro Quadratmeter sind.
4.	☐	☐	Die NHK pro Quadratmeter für ein Zweifamilienhaus (bei voll ausgebautem Dachgeschoss), das nicht unterkellert ist, sind höher als für ein Zweifamilienhaus (bei voll ausgebautem Dachgeschoss), das unterkellert ist.
5.	☐	☐	Die so genannten Standardstufen nach der NHK-Tabelle 2010 bestimmen die NHK pro Quadratmeter. Die NHK-Differenzen zwischen der niedrigsten und höchsten Standardstufe können dabei bei mehreren hundert Euro pro Quadratmeter liegen.

Block 8:

	r	f	
1.	☐	☐	Bei der Immobilienbewertung in Anlehnung an das Ertragswertverfahren ist die Restnutzungsdauer eines Gebäudes von erheblicher Bedeutung. Für Gebäude wird i.d.R. eine Nutzungsdauer von 80 Jahren unterstellt. Bei einem 1931 erstellten Gebäude, ist daher die im Ertragswertverfahren anzusetzende Restnutzungsdauer 0 Jahre, auch wenn es umgebaut und modernisiert wurde.
2.	☐	☐	Mit sinkender Restnutzungsdauer und sinkenden so genannten NHK nehmen die altersgeminderten Herstellkosten zum Bewertungsstichtag im Vergleich zum anteiligen Bodenwert beim so genannten Sachwertverfahren einen immer geringeren Umfang an.
3.	☐	☐	Der durchschnittliche (erschlossene) Bodenrichtwert für Wohnbebauung liegt in Kempten aktuell bei 400Euro pro m^2. Aufgrund der demografischen Entwicklung werden die Bodenrichtwerte in Kempten eher sinken und in der Peripherie von Kempten eher steigen.
4.	☐	☐	Sachwertverfahren und Ertragswertverfahren kommen im Zuge von Immobilienbewertungen selten bzw. nie zum gleichen Wert.
5.	☐	☐	Die so genannten Standardstufen nach der NHK-Tabelle 2010 bestimmen die NHK pro Quadratmeter Wohnfläche.

Block 9:

	r	f	
1.	☐	☐	Nach der NHK-Tabelle 2010 ist das Gebäudemerkmal „Außenwände" höher gewichtet als das Gebäudemerkmal „Fußböden".
2.	☐	☐	Nach der NHK-Tabelle 2010 ist das Gebäudemerkmal „Sanitäreinrichtungen" geringer gewichtet als das Gebäudemerkmal „Dach".
3.	☐	☐	Die NHK 2010 kennen fünf so genannte Standardstufen. Je höher die Standardstufe, desto höher die NHK pro Quadratmeter BGF.
4.	☐	☐	Durch Multiplikation des so genannten Rohertrags pro Jahr mit dem so genannten Vervielfältiger erhält man beim Ertragswertverfahren den Ertragswert des Gebäudes.
5.	☐	☐	Beim Ertragswertverfahren gilt: Je höher der Mietpreis, desto höher der Rohertrag pro Jahr. Je geringer die Bewirtschaftungskosten, desto höher der Reinertrag pro Jahr. Und je höher der so genannte Vervielfältiger, desto höher der Ertragswert des Gebäudes.

Block 10:

	r	f	
1.	☐	☐	Das Target Costing erlaubt es, für Gebäudekomponenten (z.B. Außenwände, Innenwände, Fenster, Türen, Kellergeschoss, Heizung) so genannte Sollkosten zu ermitteln.
2.	☐	☐	Für die Ermittlung der Sollkostenanteile für Gebäudekomponenten kann beim Target Costing auf die Werte aus der Funktionskostenmatrix 1 zurückgegriffen werden. Eine Berücksichtigung der Gewichte der (weichen und harten) Kaufkriterien erfolgt dabei allerdings nicht.
3.	☐	☐	Die Sollkostenanteile, die für Gebäudekomponenten auf Basis des Target Costing ermittelt werden können, müssen nicht und werden in der Praxis auch nicht mit den Gewichtungen der Gebäudemerkmale nach der NHK-Tabelle 2010 übereinstimmen.
4.	☐	☐	Bei Gebäudekomponenten, die im so genannten Zielkostenkontrolldiagramm des Target Costing außerhalb des Zielkorridors positioniert sind, liegen die Ist-Kosten oberhalb der Soll-Kosten.
5.	☐	☐	Conjoint Measurement und Quality Function Deployment (QFD) eignen sich, um Immobilien eigentümer-, kunden- und marktgerecht zu entwickeln und für professionelle Investoren höhere Immobilienwerte zu erreichen. Gleiches gilt für die praktische Anwendung des so genannten Success Resource Deployment (SRD) für Zwecke der Immobilienentwicklung.

2. Lösungen

	Block 1	Block 2	Block 3	Block 4	Block 5
1	Richtig	Richtig	Falsch	Richtig	Richtig
2	Richtig	Richtig	Falsch	Richtig	Richtig
3	Richtig	Falsch	Falsch	Falsch	Richtig
4	Richtig	Richtig	Falsch	Richtig	Falsch
5	Richtig	Richtig	Richtig	Richtig	Falsch

	Block 6	Block 7	Block 8	Block 9	Block 10
1	Richtig	Richtig	Falsch	Richtig	Richtig
2	Richtig	Falsch	Richtig	Richtig	Falsch
3	Richtig	Richtig	Falsch	Richtig	Richtig
4	Richtig	Richtig	Richtig	Falsch	Falsch
5	Richtig	Richtig	Falsch	Richtig	Richtig

3. Fallstudienorientierte Aufgaben

Aufgabe 1: Vereinfachte Immobilienbewertung

Sie sollen im Auftrag eines Kunden für eine Eigentumswohnung mit 75qm Wohnfläche und einer Bruttogrundfläche von 80qm eine vereinfachte Immobilienbewertung vornehmen. Nach Auskunft des Kunden besteht ein Miteigentumsanteil am Grundstück, dessen Größe 800qm umfasst, von 100/1000. Die geschätzte Restnutzungsdauer umfasst noch 30 Jahre. Auf der Basis Ihrer Einsicht in BORIS-Bayern liegt der Bodenrichtwert bei 300€. Der Mietpreis pro qm pro Monat beläuft sich auf 5€. Die Bewirtschaftungskosten in Summe (also einschließlich Verwaltungskosten, Instandhaltung etc.) nehmen Sie vereinfacht mit 2.000€ pro Jahr an. Den Bodenertragsanteil setzen Sie pro Jahr mit 1.000€ an. Der so genannte „Vervielfältiger" hat laut Rentenbarwertfaktoren-Tabelle einen gerundeten Wert von 17. Die indexierten NHK 2010 liegen bei 750€ (d.h. eine Baupreisindexierung der NHK ist nicht mehr nötig).

a) Berechnen Sie den Reinertrag pro Jahr.

b) Wie hoch ist der Gebäudeertragsanteil pro Jahr?

c) Wie hoch ist der Ertragswert des Gebäudes?

d) Wie hoch ist der Ertragswert?

e) Wie hoch ist der Sachwert?

f) Nennen Sie zwei Einflussgrößen des „Vervielfältigers".

Aufgabe 2: Berechnung des Kostenkennwerts

Für ein freistehendes Einfamilienhaus sollen Sie den so genannten „Kostenkennwert" auf Basis der NHK 2010 bestimmen. Er soll die Basis für eine spätere Ermittlung der altersgeminderten Herstellkosten und damit der Errechnung des Sachwerts bilden.

Das von Ihnen zu bewertende Einfamilienhaus mit mittlerer Bau- und Ausstattungsqualität weist neben einem Keller- und einem Erdgeschoss auch noch ein Dachgeschoss auf. Das Dachgeschoss ist ausgebaut (Berechnungsbeispiel in Anlehnung an Bundesministerium für Verkehr, Bau und Stadtentwicklung, Bekanntmachung der Richtlinie zur Ermittlung des Sachwerts, 05.09.2012, Bundesanzeiger v. 18.10.2012, S. 23).

Die einzelnen Komponenten des Gebäudes sind den Standardstufen wie folgt zugeordnet:

Außenwände:	Standardstufe 3
Dächer:	Standardstufe 3 und 4 zu je 50
Außentüren und Fenster:	Standardstufe 4
Innenwände und -türen:	Standardstufe 3 und 4 zu je 50%
Decken und Treppen:	Standardstufe 4
Fußböden:	Standardstufe 3 und 4 zu je 50%
Sanitäreinrichtungen:	Hier ist noch eine Zuordnung zur Standardstufe erforderlich. Die Beschreibung gibt folgenden Hinweis: *„einfaches Bad mit Stand-WC, Installation auf Putz, Ölfarbenanstrich, einfache PVC-Bodenbeläge"*
Heizung:	Standardstufe 3 zu 60%, Standardstufe 4 zu 40%
Sonstige techn. Ausstattung:	Standardstufe 1 und 2 zu je 50%

Aus dem Bundesanzeiger (vgl. oben, Quelle) haben Sie sich die auf der nächsten Seite abgebildete Tabelle herauskopiert.

1 – 3 freistehende Ein- und Zweifamilienhäuser, Doppelhäuser, Reihenhäuser[2]

Keller-, Erdgeschoss

Standardstufe		Dachgeschoss voll ausgebaut						Dachgeschoss nicht ausgebaut						Flachdach oder flach geneigtes Dach				
		1	2	3	4	5		1	2	3	4	5		1	2	3	4	5
freistehende Einfamilienhäuser[3]	1.01	655	725	835	1 005	1 260	1.02	545	605	695	840	1 050	1.03	705	785	900	1 085	1 360
Doppel- und Reihenendhäuser	2.01	615	685	785	945	1 180	2.02	515	570	655	790	985	2.03	665	735	845	1 020	1 275
Reihenmittelhäuser	3.01	575	640	735	885	1 105	3.02	480	535	615	740	925	3.03	620	690	795	955	1 195

Keller-, Erd-, Obergeschoss

Standardstufe		Dachgeschoss voll ausgebaut						Dachgeschoss nicht ausgebaut						Flachdach oder flach geneigtes Dach				
		1	2	3	4	5		1	2	3	4	5		1	2	3	4	5
freistehende Einfamilienhäuser[3]	1.11	655	725	835	1 005	1 260	1.12	570	635	730	880	1 100	1.13	665	740	850	1 025	1 285
Doppel- und Reihenendhäuser	2.11	615	685	785	945	1 180	2.12	535	595	685	825	1 035	2.13	625	695	800	965	1 205
Reihenmittelhäuser	3.11	575	640	735	885	1 105	3.12	505	560	640	775	965	3.13	585	650	750	905	1 130

Erdgeschoss, nicht unterkellert

Standardstufe		Dachgeschoss voll ausgebaut						Dachgeschoss nicht ausgebaut						Flachdach oder flach geneigtes Dach				
		1	2	3	4	5		1	2	3	4	5		1	2	3	4	5
freistehende Einfamilienhäuser[3]	1.21	790	875	1 005	1 215	1 515	1.22	585	650	745	900	1 125	1.23	920	1 025	1 180	1 420	1 775
Doppel- und Reihenendhäuser	2.21	740	825	945	1 140	1 425	2.22	550	610	700	845	1 055	2.23	865	965	1 105	1 335	1 670
Reihenmittelhäuser	3.21	695	770	885	1 065	1 335	3.22	515	570	655	790	990	3.23	810	900	1 035	1 250	1 560

Erd-, Obergeschoss, nicht unterkellert

Standardstufe		Dachgeschoss voll ausgebaut						Dachgeschoss nicht ausgebaut						Flachdach oder flach geneigtes Dach				
		1	2	3	4	5		1	2	3	4	5		1	2	3	4	5
freistehende Einfamilienhäuser[3]	1.31	720	800	920	1 105	1 385	1.32	620	690	790	955	1 190	1.33	785	870	1 000	1 205	1 510
Doppel- und Reihenendhäuser	2.31	675	750	865	1 040	1 300	2.32	580	645	745	895	1 120	2.33	735	820	940	1 135	1 415
Reihenmittelhäuser	3.31	635	705	810	975	1 215	3.32	545	605	695	840	1 050	3.33	690	765	880	1 060	1 325

[2] einschließlich Bauneberkosten in Höhe von 17 %
[3] Korrekturfaktor für freistehende Zweifamilienhäuser: 1,05

Bitte bearbeiten Sie darauf aufbauend nun folgende Aufgaben bzw. beantworten Sie folgende Fragen:

a) Ermitteln Sie den Kostenkennwert pro qm BGF.

b) Wie würde sich der Kostenkennwert pro qm BGF ändern, wenn die Standardstufe jeweils um eine Stufe besser wäre?

c) Wie würde sich der Kostenkennwert pro qm BGF verändern, wenn

   (1) es sich um ein Einfamilienhaus ohne ein ausgebautes Dachgeschoss handeln würde, weil es ein Flachdach bzw. ganz flach geneigtes Dach aufweist?

   (2) es sich um ein Einfamilienhaus ohne ein ausgebautes Dachgeschoss handeln würde – weil es ein Flachdach bzw. ganz flach geneigtes Dach aufweist – und überdies eine Verbesserung von jeweils einer Stufe bei den Standardstufen zu berücksichtigen ist?

Aufgabe 3: Ermittlung des Sachwerts auf Basis der NHK 2010

Gehen Sie weiterhin von dem in Aufgabe 2 beschriebenen freistehenden Einfamilienhaus aus, bei dem neben einem Keller- und einem Erdgeschoss auch noch ein Dachgeschoss besteht, das ausgebaut ist. Unterstellen Sie weiterhin die ursprünglich gegebenen Standardstufen für die einzelnen Gebäudekomponenten.

Darüber hinaus liegen Ihnen für folgende Deskriptoren der Immobilienbewertung die nachstehenden Ausprägungen vor:

Grundstücksfläche laut Notarvertrag:	769qm
Bodenrichtwert laut BORIS-Bayern:	190€
Baujahr:	1969
Zeitwert der Außenanlagen:	20.000€
Wohnfläche:	191qm
BGF (Bruttogrundfläche)	231qm
Bewertungsstichtag:	06.10.2014

Bitte bearbeiten Sie auf dieser Basis folgende Aufgaben bzw. beantworten Sie folgende Fragen:

a) Wie hoch ist der (anteilige) Bodenwert?

b) Errechnen Sie die Herstellkosten zum Stichtag (ohne Preisindexierung).

c) Errechnen Sie die altersgeminderten Herstellkosten zum Stichtag (ohne Preisindexierung).

d) Wie hoch ist der Sachwert der Immobilie (ohne Preisindexierung)?

4. Lösungen

Aufgabe 1: Vereinfachte Immobilienbewertung

a) Berechnen Sie den Reinertrag pro Jahr

Bei einem Mietpreis von 5€ pro qm ergibt sich ein monatlicher Mietertrag von 375€ und

ein Mietertrag von	4.500,00€ pro Jahr
./. Bewirtschaftungskosten	2.000,00€ pro Jahr
ergibt den Reinertrag:	2.500,00€ pro Jahr

b) Wie hoch ist der Gebäudeertragsanteil pro Jahr?

Reinertrag	2.500,00€ pro Jahr
./. Bodenertragsanteil	1.000,00€ pro Jahr
ergibt den Gebäudeertragsanteil:	1.500,00€ pro Jahr

c) Wie hoch ist der Ertragswert des Gebäudes?

Durch Multiplikation des jährlichen Gebäudeertragsanteils mit dem Vervielfältiger ergibt sich der Ertragswert des Gebäudes. Er liegt bei 25.500,00€ (1.500 x 17).

d) Wie hoch ist der Ertragswert?

Der Ertragswert für die Gesamtimmobilie ergibt sich aus dem Ertragswert des Gebäudes (25.500,00€) und dem anteiligen Bodenwert von 24.000,00€ (letzterer ergibt sich durch Multiplikation des Bodenrichtwerts von 300,00€ mit dem Anteil an der Gesamtfläche des Grundstücks (80qm, d.h. 100/1000 von 800qm). Der Ertragswert (nach dem Ertragswertverfahren) hat somit eine Höhe von 49.500,00€.

e) Wie hoch ist der Sachwert?

Der Sachwert ergibt sich aus dem anteiligen Bodenwert (24.000,00€) und den altersgeminderten Herstellkosten zum Stichtag. Letzterer errechnet sich aus den Herstellkosten zum Stichtag von 60.000,00€ (80qm zu jeweils 750,00€ NHK 2010 mit integrierter Indexierung) vermindert um die Alterswertminderung. Bei einer Restnutzungsdauer von 30 Jahren bei einer Gesamtnutzungsdauer von 80 Jahren sind also 50/80 von 60.000,00€ abzuschreiben (das sind 37.500,00€). Der Sachwert beläuft sich damit auf 46.500,00€ (24.000€ + 60.000€ – 37.500€).

f) Nennen Sie zwei Einflussgrößen des „Vervielfältigers".

Liegenschaftszins und Restnutzungsdauer

Aufgabe 2: Berechnung des Kostenkennwerts

a) Ermitteln Sie den Kostenkennwert pro qm BGF.

Die folgenden zwei Zahlentabellen zeigen die Vorgehensweise. Der zu ermittelnde Kostenkennwert pro qm BGF hat demnach eine Höhe von 880€ (gerundet, vgl. Tabelle auf der nächsten Seite).

	Standardstufe					Gewichtung
	1	2	3	4	5	
Außenwände			1			23
Dach			0,5	0,5		15
Außentüren und Fenster				1		11
Innenwände und Innentüren			0,5	0,5		11
Decken und Treppen				1		11
Fußböden			0,5	0,5		5
Sanitäreinrichtung	1					9
Heizung			0,6	0,4		9
Sonst. Ausstattung	0,5	0,5				6
Kostenkennwerte auf NHK-2010-Basis	655	725	835	1005	1260	

Die obige Tabelle zeigt neben der Gewichtung der Gebäudekomponenten vor allem die Zuordnung der einzelnen Gebäudekomponenten auf die Standardstufen. Die Außenwände sind z.B. der Standardstufe 3 mit einem Kostenkennwert von 835€ zugeordnet. Das Dach ist den Standardstufen 3 und 4 mit den Kostenkennwerten von 835€ bzw. 1005€ zugeordnet. Die qualitative Beschreibung der Sanitäreinrichtung („einfaches Bad mit Stand-WC, Installation auf Putz, Ölfarbenanstrich, einfache PVC-Bodenbeläge") entspricht der Standardstufe 1.

Unter Berücksichtigung der Kostenkennwerte für die einzelnen Gebäudeteile und den jeweiligen Gewichtungen ergibt sich der Kostenkennwert pro qm BGF von 880€.

Außenwände	1*835€/qm*23%=	192
Dach	0,5*835€/qm*15%+0,5*1005€/qm*15%=	138
Außentüren und Fenster	1*1005€/qm*11%=	111
Innenwände und Innentüren	0,5*835€/qm*11%+0,5*1005€/qm*11%=	101
Decken und Treppen	1*1005€/qm*11%=	111
Fußböden	0,5*835€/qm*5%+0,5*1005€/qm*5%=	46
Sanitäreinrichtung	1*655€/qm*9%=	59
Heizung	0,6*835€/qm*9%+0,4*1005€/qm*9%=	81
Sonst. Ausstattung	0,5*655€/qm*6%+0,5*725€/qm*6%=	41
	Kostenkennwert (Summe) in €/qm BGF	**880**

b) Wie würde sich der Kostenkennwert pro qm BGF ändern, wenn die Standardstufe jeweils um eine Stufe besser wäre?

Die folgenden zwei Zahlentabellen zeigen die Vorgehensweise. Sämtliche Zuordnungen der Gebäudekomponenten würden eine Stufe nach oben rücken. Dies gilt auch für die geteilten Zuordnungen (Dach, Innenwände und Innentüren, Fußböden, Heizung und sonstige Ausstattung). Damit erhöht sich für alle Gebäudeteile der Kostenkennwert, weshalb auch der Kostenkennwert pro qm BGF insgesamt steigt.

	Standardstufe					Gewichtung
	1	2	3	4	5	
Außenwände				1		23
Dach				0,5	0,5	15
Außentüren und Fenster				1		11
Innenwände und Innentüren				0,5	0,5	11
Decken und Treppen				1		11
Fußböden				0,5	0,5	5
Sanitäreinrichtung		1				9
Heizung				0,6	0,4	9
Sonst. Ausstattung		0,5	0,5			6
Kostenkennwerte auf NHK-2010-Basis	655	725	835	1005	1260	

Nach dieser Vorgehensweise würde der zu ermittelnde Kostenkennwert pro qm BGF um 191€ auf dann 1071€ ansteigen (gerundet, vgl. Tabellen auf der nächsten Seite).

Außenwände	1*1005€/qm*23%=	231
Dach	0,5*1005€/qm*15%+0,5*1260€/qm*15%=	170
Außentüren und Fenster	1*1260€/qm*11%=	139
Innenwände und Innentüren	0,5*1005€/qm*11%+0,5*1260€/qm*11%=	125
Decken und Treppen	1*1260€/qm*11%=	139
Fußböden	0,5*1005€/qm*5%+0,5*1260€/qm*5%=	57
Sanitäreinrichtung	1*725€/qm*9%=	65
Heizung	0,6*1005€/qm*9%+0,4*1260€/qm*9%=	100
Sonst. Ausstattung	0,5*725€/qm*6%+0,5*835€/qm*6%=	47
	Kostenkennwert (Summe) in €/qm BGF	1071

c) (1) Wie würde sich der Kostenkennwert pro qm BGF verändern, wenn es sich um ein Einfamilienhaus ohne ein ausgebautes Dachgeschoss handeln würde, weil es ein Flachdach bzw. ganz flach geneigtes Dach aufweist?

Die NHK-Tabelle zeigt hierfür pro Standardstufe andere (höhere) Kostenkennwerte für die Gebäudekomponenten (dies darf nicht zu der Annahme führen, dass Gebäude mit Flachdächern – mit zwangsläufig nicht ausgebautem Dachgeschoss – in der Herstellung kostenintensiver wären als Gebäude mit voll ausgebauten Dachgeschoss. Der „Korrekturfaktor" liegt vielmehr im verminderten Umfang an qm für die Bruttogrundfläche für Gebäude mit Flachdächern im Vergleich zu Gebäuden mit voll ausgebautem Dachgeschoss).

	Standardstufe					Gewichtung
	1	2	3	4	5	
Außenwände			1			23
Dach			0,5	0,5		15
Außentüren und Fenster				1		11
Innenwände und Innentüren			0,5	0,5		11
Decken und Treppen				1		11
Fußböden			0,5	0,5		5
Sanitäreinrichtung	1					9
Heizung			0,6	0,4		9
Sonst. Ausstattung	0,5	0,5				6
Kostenkennwerte auf NHK-2010-Basis	705	785	900	1085	1360	

Nach dieser Vorgehensweise würde sich der Kostenkennwert für das Einfamilienhaus mit Flachdach bzw. ganz flach geneigtem Dach auf einen Wert von 949€ belaufen (gerundet, vgl. dazu Tabelle auf der nächsten Seite).

Außenwände	1*900€/qm*23%=	207
Dach	0,5*900€/qm*15%+0,5*1085€/qm*15%=	149
Außentüren und Fenster	1*1085€/qm*11%=	119
Innenwände und Innentüren	0,5*900€/qm*11%+0,5*1085€/qm*11%=	109
Decken und Treppen	1*1085€/qm*11%=	119
Fußböden	0,5*900€/qm*5%+0,5*1085€/qm*5%=	50
Sanitäreinrichtung	1*705€/qm*9%=	63
Heizung	0,6*900€/qm*9%+0,4*1085€/qm*9%=	88
Sonst. Ausstattung	0,5*705€/qm*6%+0,5*785€/qm*6%=	45
	Kostenkennwert (Summe) in €/qm BGF	**949**

(2) Wie würde sich der Kostenkennwert pro qm BGF verändern, wenn es sich um ein Einfamilienhaus ohne ein ausgebautes Dachgeschoss handeln würde – weil es ein Flachdach bzw. ganz flach geneigtes Dach aufweist – und überdies eine Verbesserung von jeweils einer Stufe bei den Standardstufen zu berücksichtigen ist?

In Anlehnung an die bisherigen Vorgehensweisen sind die Zuweisungen zu den jeweiligen Standardstufen der einzelnen Gebäudeteile um eine Stufe nach oben zu setzen (vgl. auch Teilaufgabe b, jetzt allerdings für Einfamilienhäuser mit Flachdächern bzw. ganz flach geneigten Dächern). Die folgende Zuordnungstabelle zeigt dies:

	Standardstufe					Gewichtung
	1	2	3	4	5	
Außenwände				1		23
Dach				0,5	0,5	15
Außentüren und Fenster					1	11
Innenwände und Innentüren				0,5	0,5	11
Decken und Treppen					1	11
Fußböden				0,5	0,5	5
Sanitäreinrichtung		1				9
Heizung				0,6	0,4	9
Sonst. Ausstattung		0,5	0,5			6
Kostenkennwerte auf NHK-2010-Basis	705	785	900	1085	1360	

Die Durchrechnung bis zum Kostenkennwert auf NHK-2010-Basis zeigt die nächste Tabelle. Danach ergibt sich für das zu bewertende Einfamilienhaus mit Flachdach bzw. ganz flach geneigtem Dach ein Kostenkennwert von 1.149€ (gerundet).

Außenwände	1*1085€/qm*23%=	250
Dach	0,5*1085€/qm*15%+0,5*1360€/qm*15%=	183
Außentüren und Fenster	1*1360€/qm*11%=	150
Innenwände und Innentüren	0,5*1085€/qm*11%+0,5*1360€/qm*11%=	134
Decken und Treppen	1*1360€/qm*11%=	150
Fußböden	0,5*1085€/qm*5%+0,5*1360€/qm*5%=	61
Sanitäreinrichtung	1*785€/qm*9%=	71
Heizung	0,6*1085€/qm*9%+0,4*1360€/qm*9%=	104
Sonst. Ausstattung	0,5*785€/qm*6%+0,5*900€/qm*6%=	47
	Kostenkennwert (Summe) in €/qm BGF	**1149**

Aufgabe 3: Ermittlung des Sachwerts auf Basis der NHK 2010

a) Wie hoch ist der (anteilige) Bodenwert?

Der Bodenwert errechnet sich durch Multiplikation der Gesamtgrundstücksfläche und dem Bodenrichtwert. Er liegt demnach bei 146.100€ (769qm x 190€).

b) Errechnen Sie die Herstellkosten zum Stichtag (ohne Preisindexierung).

Angesichts des Baujahrs (1969) und des Bewertungsjahrs (2014) ergibt sich ein Alter des Gebäudes von 45 Jahren. Die Restnutzungsdauer ist daher 35 Jahre (bei einer Gesamtnutzungsdauer von 80 Jahren).

Bei Herstellkosten von 880€ pro qm (vgl. ermittelter Kostenkennwert aus Aufgabe 2a) und einer Bruttogrundfläche von 231qm ergeben sich Herstellkosten zum Stichtag von 203.280€ (880€ x 231qm).

c) Errechnen Sie die altersgeminderten Herstellkosten zum Stichtag (ohne Preisindexierung).

Bei einer Gesamtnutzungsdauer von 80 Jahren und einer Restnutzungsdauer von 35 Jahren sind 45/100 von den Herstellkosten zum Stichtag an Alterswertminderung abzuziehen. Die altergeminderten Herstellkosten belaufen sich danach auf 88.935€ (203.280€ x 35/80).

d) Wie hoch ist der Sachwert der Immobilie (ohne Preisindexierung)?

Der Sachwert der Immobilie errechnet sich aus der Addition von Bodenwert (146.110€) altersgeminderten Herstellkosten zum Stichtag (88.935€) und dem Zeitwert der Außenanlagen (20.000€). Der Sachwert der Immobilie beträgt damit 255.045€.

5. Fallstudienorientierte Aufgaben ohne Lösungen

Aufgabe 1: Ermittlung des Ertragswertes einer Eigentumswohnung

Sie sollen den Ertragswert einer derzeit vermieteten Eigentumswohnung ermitteln. Die zu bewertende Wohnung hat eine Wohnfläche von 110qm. Der Miteigentumsanteil am Grundstück, das insgesamt 600qm umfasst, ist 300/1000. Das Baujahr war nach Angabe des aktuellen Eigentümers 1992. Der Bodenrichtwert liegt nach Auskunft des Gutachterausschusses der Stadt bei 300€. Der Mietpreis beträgt 6,50€ pro qm monatlich (kalt). Der zur Eigentumswohnung gehörende Stellplatz ist derzeit für 25€ pro Monat vermietet und lässt sich voraussichtlich auch zukünftig zu diesem Betrag vermieten.

Die Bewirtschaftungskosten lassen sich folgendermaßen aufteilen:

- Verwaltungskosten 3% des Rohertrags;
- Instandhaltungskosten pro Jahr 13€ pro qm;
- Mietausfallwagnis 2% des Rohertrags.
- Instandhaltungskosten für den Stellplatz 75€ pro Jahr.

Darüber hinaus ist Ihnen bekannt, dass der Liegenschaftszins bei 4% liegt.

a) Wie hoch ist der so genannte Bodenertragsanteil?

b) Errechnen Sie den Vervielfältiger.

c) Ermitteln Sie den Ertragswert der Eigentumswohnung.

Aufgabe 2: Sensitivitätsanalyse zur in Aufgabe 1 aufgeführten Eigentumswohnung

Ein potenzieller Käufer für die oben genannte Wohnung trägt sich mit dem Gedanken, diese als Studentenwohnung zu vermieten, um die Mieterträge und damit den Ertragswert der Wohnung zu steigern.

Nach einer Analyse des Marktes für Studentenwohnungen gehen Sie davon aus, dass eine Steigerung um 2,50€ pro qm und Monat realistisch erscheint. Allerdings werden durch die intensivierte Nutzung und die höhere Fluktuation usw. auch die Bewirtschaftungskosten steigen. Sie rechnen mit folgenden Werten:

- Verwaltungskosten 5% des Rohertrags
- Instandhaltung 18€ pro qm und Jahr
- Mietausfallwagnis 4% des Rohertrags

a) Errechnen Sie auf dieser neuen Basis den Ertragswert der Eigentumswohnung.

b) Welcher Wert ergäbe sich für den Ertragswert der Eigentumswohnung, wenn überdies die Restnutzungsdauer um fünf Jahre geringer wäre?

III. 90 Themen für Seminar-, Bachelor- und Masterarbeiten sowie Examensprüfungen

1) Die demografische Entwicklung als Einflussgröße für die Immobilienentwicklung in Deutschland

2) Entstehung und Bedeutung von Burgen (in Ihrer Heimatregion)

3) Shoppingmalls in Deutschland – Entstehung und Beispiele (aus Ihrer Heimatregion)

4) Facility Management – Entwicklung und Arten

5) Facility Management als Outsourcing- bzw. Disintegrationsstrategie von Industrieunternehmen

6) Horizontale und vertikale Segregation in Städten

7) Erstellung eines Evaluierungssystems für Maklerbüros aus Kundensicht (in Ihrer Region)

8) Die Neolithische Revolution als Ursprung des Häuserbaus!?

9) Anzeichen für eine neolithische Konterrevolution – Konsequenzen für die Immobilienentwicklung

10) Friedhöfe – Entstehung, Konfiguration und Gebäudetypen

11) Doorman-Houses – Entstehung und Beispiele (aus Ihrer Heimatregion)

12) Gated Communities – Entstehungsgeschichte, Arten und Beispiele (aus Ihrer Heimatregion)

13) Segregation durch Gated Communities

14) Retirement Communities – Herausforderungen für das Marketing

15) Gated Communities – Herausforderungen für das Marketing

16) Chancen und Risiken der Gentrifizierung – eine mehrdimensionale Analyse aus der Perspektive verschiedener Stakeholder

17) Räumliche Flexibilitätsbedürfnisse in der Postmoderne als Einflussgrößen der Immobilienentwicklung

18) Die Entwicklung der Haushaltsgröße und ihr Einfluss auf die Immobilienentwicklung

19) Möglichkeiten und Barrieren der Eindämmung des Flächenverbrauchs in Deutschland

20) Urbanisierung und/oder Re-Urbanisierung – Entwicklungsperspektiven für 2030 (2050)

21) Chancen und Risiken von Megacities

22) Der Klimawandel als Determinante des Gebäudebaus

23) Individualisierung als Determinante der Immobilienentwicklung

24) Eigentümerwechsel aus transaktionskostentheoretischer Sicht

25) Transaktionskosten und ihre Einflussgrößen des Maklerberufs

26) Immobilien als Wertanlage im Vergleich zu Aktien – ein Vergleich über die letzten
    a) 15 Jahre
    b) 30 Jahre

27) Unausgeschöpfte GRZ-Potenziale in Abhängigkeit der Gebietsart nach der Baunutzungsverordnung

28) Unausgeschöpfte GRZ-Potenziale – Möglichkeiten der Potenzialerhebung und Potenzialmobilisierung

29) Überblick über Dachformen und ausgewählte Beispiele aus Ihrer Heimatstadt

30) Anreize für die Erhöhung der Eigentümerquote – eine Bestandsaufnahme und Ideenkonzept

31) Die Eigentümerquote als politisches Element

32) Farben – einige Grundüberlegungen zu ihrer Bedeutung für die Gestaltung von Räumen

33) Das Symbolpotenzial von Gebäuden

34) Bauen mit dem Relief – Relevanz und Beispiele

35) Städte an Flüssen – Konfigurationsbesonderheiten

36) Zur Bedeutung des Platzes in der Stadt

37) Zur Bedeutung von Bahnhöfen in der Stadt

38) Ein Scoring-Konzept für die Bewertung von Standorten für Apotheken in Städten

39) Bewertung der Attraktivität von Cafe-Standorten in Städten – vom Entwurf eines Scoring-Konzepts bis zur empirischen Erhebung

40) Historie der Entstehung von Industriestädten (und Arbeiterkolonien) im Zuge der Moderne

41) Baulicher Gigantismus in Diktaturen – Entstehungsursachen und signifikante Beispiele

42) Baulicher Gigantismus im Nationalsozialismus – Entstehungsgeschichte und Beispiele

43) Der Einfluss des Klimawandels auf die Konstruktion und die Entwicklung von Immobilien

44) Fußgängerzonen – Entstehung und Bedeutung für Städte

45) Mehrfachnutzungskonzepte für öffentliche (private) Immobilien

46) Sensitivitätsanalyse für die Ermittlung des Ertragswerts – Liegenschaftszins und Restnutzungsdauer

47) Elastizitätsvergleich – Liegenschaftszins versus Restnutzungsdauer

48) Elastizitätsvergleich – Liegenschaftszins versus Bewirtschaftungskosten

49) Das Einflusspotenzial des Liegenschaftszinses im realistischen Korridor auf den Ertragswert

50) Sinn und Unsinn von Standardstufen auf der Basis der NHK 2010

51) Ermittlung von Wertkorridoren für Sachwerte von Wohnungen (in Regionen, Städten, Stadtteilen) bei variierenden Standardstufen auf der Basis der NHK 2010

52) Ermittlung von Wertkorridoren für Sachwerte von Einfamilien-, Doppel- und Reihen- und Reihenendhäusern (in Regionen, Städten, Stadtteilen) bei variierenden Standardstufen auf Basis der NHK 2010

53) Ermittlung von Sach- und Ertragswerten – eine regionale, städtische, stadtteilorientierte Exploration

54) Sachwerte versus Kaufpreise – eine explorative Gap-Analyse (für Ihre Region bzw. Stadt)

55) Ermittlung von Sollkosten für Gebäudeteile mit Target Costing im Vergleich zu den Gewichten für Gebäudeteile auf Basis der NHK 2010

56) Bestimmung von Tangentialpunkten für die Gewichtung von Gebäudeteilen auf der Basis der NHK 2010 unter Variation der Standardstufen auf Basis der NHK 2010

57) Retrograde Überprüfung von Bodenrichtwerten für Wohngebäude – konzeptionelle Vorgehensweise und empirische Analyse

58) Anwendung des Target Costing für den Bau von Fertighäusern – Theorie und Empirie

59) Kostenoptimale und qualitätsorientierte Immobilienentwicklung (für Mehr- und Einfamilienhäuser, Eigentumswohnungen) auf Basis des Quality Function Deployment

60) Vitalisierung des Maklergeschäfts mit Success Resource Deployment – konzeptionelle Grundlagen und empirische Anwendung

61) Kundenorientierte Ausrichtung von Immobiliengesellschaften mit Success Resource Deployment – Konzeption und empirische Exploration

62) Optimierung von Studentenwohnungen mit Conjoint Measurement – ein empirisches Erhebungsdesign

63) Das optimale Hotelzimmer für Geschäftsreisende – eine conjointanalytische Studie

64) Ermittlung von Sollkosten für Gebäudeteile mit Conjoint Measurement im Vergleich zu den Gewichten für Gebäudeteile auf Basis der NHK 2010 (gegebenenfalls mit Diskussion der Abweichungsursachen)

65) Vitalisierung eines Seniorenheims mit Success Resource Deployment – konzeptionelle Grundlagen und empirische Studie

66) Vitalisierung des Geschäfts von Bauträgern (Maklern, Hausverwaltungen) mit Success Resource Deployment

67) Optimierung der Fußgängerzone mit Success Resource Deployment – konzeptionelle Grundlagen und empirische Exploration

68) Marktanalytische Betrachtung der Alten- und Pflegeeinrichtungen in Ihrer Heimatregion

69) Wohnungsmarkt in München

70) Studentisches Wohnen in Ihrer Hochschulstadt – Chancen und Risiken für Kapitalanleger

71) Denkmalschutz und seine Auswirkungen auf Investitionsentscheidungen bei Renditeobjekten

72) Inflationsschutz bei Immobilieninvestitionen – Analyse des Wirkungszusammenhangs zwischen Immobilienindex und Inflationsrate

73) Immobilienmakler in Kempten – Eine nutzwertanalytische Bewertung der Internetauftritte

74) Nutzwertanalytische Bewertung von Immobilienangeboten im Internet – eine segmentspezifische empirische Exploration (z. B. nach Maklern, Objekttypen, Portalen)

75) Kemptener Immobilienmakler im Focus – Eine käufersegmentspezifische Zufriedenheitsanalyse

76) Bewertung der Kemptener Immobilienmakler anhand der Verkaufsstätten mit Hilfe der Nutzwertanalyse

77) Bewertung der Internetauftritte von Immobilienmaklern

78) Entwicklung, Stand und Szenarien für das Verhältnis von Bestands- und Neubebauung und ihre Konsequenzen für immobilienorientierte „Player"

79) Stadt-Land-Migrationsverhalten in Kempten – Auswirkungen auf den Immobilienmarkt

80) Studentisches Wohnen in Kempten – Nachfrager- oder Angebotsmarkt?

81) Anforderungen an eine Studentenwohnung aus der Sicht von Mietern und Vermietern

82) Bau eines neuen Studentenwohnheims in Kempten – noch ein lohnenswertes Geschäftsmodell?

83) Kleiner Wohnen – Notlösung oder Smartes Leben?

84) Renaissance der Stadtflucht – Konzept für die Wiederbelebung des ländlichen Raums

85) Überlebensfaktoren für ländliche Gemeinden – Bestimmung von kritischen Massen für Infrastruktureinrichtungen

86) Prosperitätsstrategien für ländliche Gemeinden

87) Darstellung der Förderprogramme (Bayern, Deutschland, Europa) zur (Wieder-) Belebung des ländlichen Raumes

88) Phänomen der Schwarmstädte – mehr als eine Mode?

89) Wolferwartungsland – Trends und Prognosen

90) Berlin – aufkommende Megacity?

IV. Linkübersicht

www.prof-studie.de

www.schneider-dietram.de

www.prof-immobilien.de

www.boris-bayern.de

www.ivd-sued.net

www.hanmark.de

www.zvg-portal.de

www.blfd.bayern.de

www.immonet.de

www.immoscout24.de

www.immowelt.de

www.interhyp.de

www.drklein.de

www.kempten.de

www.hs-kempten.de

www.grabener-verlag.de

www.kube-ev.de